AF310492

DISCOURS

Prononcé le 2 Septembre 1882,
en l'Eglise de la Trinité à Paris,

PAR

Monsieur l'Abbé E. MULLER

de l'Église Notre-Dame de Senlis

PREMIER VICAIRE

à l'occasion du mariage

de M. Francis TATTEGRAIN avec
Mademoiselle Eugénie DELÉVIÉLEUSE

ARRAS
Imprimerie SUEUR-CHARRUEY
20 et 22 Petite-Place

1882

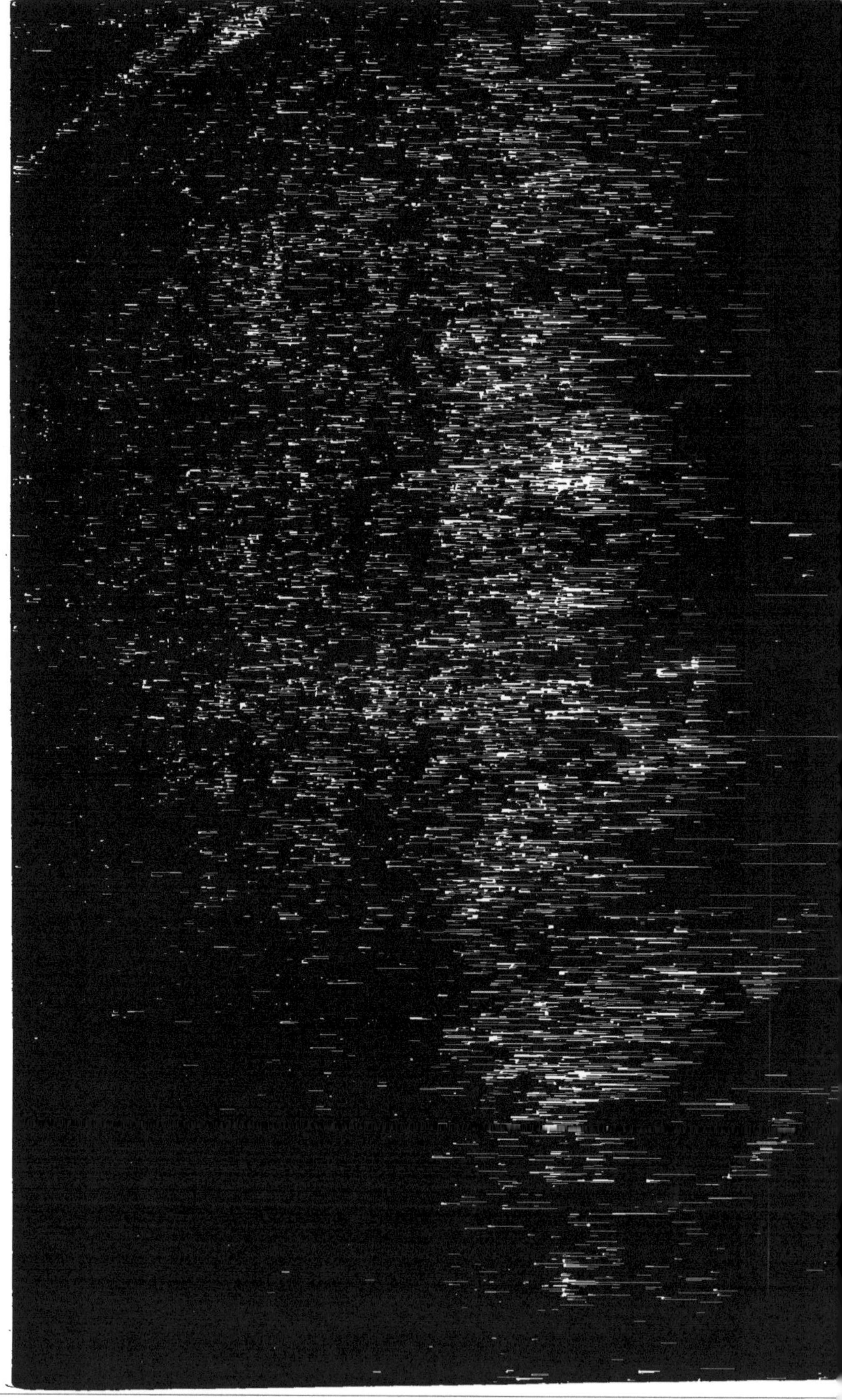

DISCOURS

Prononcé le 2 Septembre 1882,
en l'Eglise de la Trinité à Paris,

PAR

Monsieur l'Abbé E. MULLER

de l'Eglise Notre-Dame de Senlis

PREMIER VICAIRE

à l'occasion du mariage

de M. Francis TATTEGRAIN avec
Mademoiselle Eugénie DELÉVIÉLEUSE

ARRAS

Imprimerie SU... ...CHARRUEY

20 et 22 Petite Place

1882

Mademoiselle,

Mon cher ami,

Qui d'entre nous n'a maintes fois relu cette idylle sacrée dans laquelle l'auteur de la Genèse nous peint la rencontre d'Eliézer et de Rebecca? C'est l'heure où la nature, épuisée par les ardeurs du midi, semble se reposer dans l'ombre et la brise; le serviteur d'Abraham s'arrête, selon la coutume des Orientaux, à la porte de la cité, pour reposer ses chameaux; les femmes de Na-

chœr descendent, en groupes joyeux, à la citerne voisine : « Seigneur, Dieu de mon maître Abraham, » —c'est le drame humano-divin que le vieillard dessine sur ce fond de belle nature et de gaieté sereine, — « Seigneur, venez, de grâce, à mon aide ;
» me voici auprès de la fontaine et les filles
» des habitants de cette cité vont sortir
» pour puiser de l'eau. Donc, la jeune fille
» à laquelle j'aurai dit : Penchez votre cru-
» che afin que je boive, et qui répondra :
» Buvez, mais je donnerai aussi à rafraî-
» chir à vos chameaux ; c'est celle-là même
» que vous avez préparée à Isaac, votre
» serviteur » Vous savez le reste du récit biblique. — Remplacez ces décors simples d'une société encore naissante par un encadrement moderne.

C'est un homme (vous le connaissez) parvenu à cet âge où la sensibilité et la raison se prêtent l'une à l'autre une protection contre les improvisations du cœur ou les calculs du positivisme; redevable à Dieu, à une éducation forte, à la rencontre d'esprits d'élite, de ce tempérament moral qui élève le jugement au-dessus des façons vulgaires du « profanum vulgus »; cherchant, avec un noble exclusivisme, dans les arts le beau, dans les amis la sincérité, dans le mariage l'harmonie des âmes...... Dieu l'a entendu plusieurs fois murmurer, avec ce mélange d'activité personnelle et de calme qui forme la religion bien entendue : « Seigneur, donnez-moi une épouse selon votre cœur; édifiée par une piété pratique sur le modèle des saintes, de ma mère ; compagne estimée autant qu'aimée de ma vie intégrale. »

Et un jour, entre les francs rires d'un brossage et une course à tableaux, le Seigneur, tendre pour les artistes comme pour Eliézer ou Isaac, ménage l'une de ces rencontres où le cœur pressent vite qu'il est exaucé et s'écrie, dans une sorte d'intuition : « C'est celle-là, Seigneur, que vous avez préparée à votre serviteur ! » *A Domino factum est.*

Oui ! une main souverainement douce et

forte à la fois, ménage les événements, dispose la scène et prépare les rôles, amène les colloques des âmes, crée les mystérieuses sympathies, aplanit les résistances de l'espace et du temps, entremêle à son gré les trames des existences, bref, conduit les éléments et les cœurs au grand but : la gloire de Dieu et le bonheur vrai de la créature intelligente! Cette main de Dieu, tout d'abord, saluons son action.

L'on aperçoit souvent à ces médaillons naïfs dont les statuaires du moyen-âge ont tapissé les portails de nos cathédrales, une main s'échappant des ondulations d'un nuage : le nuage, c'est la demi-obscurité qui enveloppe le plan de Dieu; la main, c'est sa présence toujours éveillée. Le reconnaître, c'est avoir déjà franchi le seuil de l'adoration.

Faisons plus : cette main de Dieu, *bénissons-la*, puisqu'elle est suréminemment tendre et miséricordieuse; vous l'expérimentez tous les deux aujourd'hui!

Vous, mon cher ami, n'avez-vous point

médité quelquefois, avec une insistance
particulière, le verset du Psalmiste que
notre poète a enchassé dans son drame di-
vin : « Tu frappes et tu guéris! » Votre pre-
mière jeunesse exige que vos poumons re-
çoivent à pleines bouffées l'air vivifiant de
la mer ; ces tempêtes qui tordent la vague,
ce branle-bas des éléments, ce duel de l'au-
dace humaine avec la force brutale... vous
inspirent vite la passion de traduire sur la
toile ces rudes drames. — Votre famille,
où la toge du magistrat a toujours déve-
loppé ses plis au-milieu des goûts artisti-
ques, désire que vous fraternisiez, vous
aussi, avec Justinien et Cujas, et vous nous
offrez le spécimen rare d'un peintre qui
digère son code entre deux coups de grat-
toir, et peut signer ses œuvres, où la cons-
cience du légiste ne nuit point à la fran-
chise du faire « Peintre, docteur en droit».

Le dirai-je ? Un prêtre que vous n'aviez
encore vu que dans l'estime aveugle et le
cœur d'amis communs, sollicite de votre
talent de graveur un service tout de chari
té ; un diplôme de maîtrise vous acquiert

l'un de ces dévouements que je n'ai pas
l'habitude de marchander aux esprits dis-
tingués et aux cœurs loyaux. — Un coup
prématuré, qu'il ne faut point reprocher
au Ciel (la terre n'est que le vestibule d'un
monde meilleur), ravit à votre tendresse
et à l'admiration de tous votre mère ;
Dieu permet que, comme Jacob, vous trou-
viez dans la douceur et la vivacité d'un
amour nouveau, un légitime adoucisse-
ment à votre douleur.

« *Ego quasi nutricius* Ephraïm » c'est
« moi, dit le Seigneur, qui suis le nourri-
» cier d'Ephraïm, le portant dans mes bras,
« *portabam eos in brachiis meis*, et le traî-
« nant à ma suite avec les liens d'Adam qui
« sont des liens de charité. *In funiculis*
« *Adam traham eos, in vinculis charitatis.*

(Osée, XI, 3, 4).

Et vous, Mademoiselle, n'êtes-vous point
arrivée aux mêmes découvertes, en étudiant
l'action providentielle ? Elevée dans une
atmosphère de piété ; initiée aux vertus so-
lides qui sont comme l'efflorescence néces-
saire de toute religion sérieuse ; habituée à

chercher le bonheur, non dans cet entre-
choc de vanités et cette existence factice où
tant de femmes quêtent un dérivatif aux
ennuis du désœuvrement ; mais, dans le
travail, l'intimité de la maison, le sacrifice
joyeux de votre personnalité ; ambitieuse,
mais sans irritation ni sécheresse, de réus-
site saine et légitime pour ces autres vous-
mêmes qui poursuivent l'ombre toujours
saisie, toujours fuyant de la perfection...,
ne trouvez-vous pas précisément dans le
mari que Dieu vous amène, le meilleur
type de loyauté, d'aimable sans-façon, de
vie laborieuse, de passion ardente pour le
beau ?

Quand vous aviez demandé à Dieu, pour
lui, l'extension de son règne sur les intel-
ligences et les volontés; pour tous, l'accroissement de sa grâce ; pour votre mère et ce
cœur délicat qui a partagé toutes ses solli-
citudes, la santé et le contentement, vous
renfermiez vos pensées d'avenir dans cette
formule vague où se confinent si volon-
tiers les âmes confiantes et filiales : « Que
votre volonté soit faite ! »

Or, tandis que tous deux, vous ignorant, ou vous connaissant seulement à la façon des voyageurs qui passent, vous abandonniez à Dieu le soin de votre avenir, lui, trouvait, pour tout disposer à son gré, des Eliézer, et le *fiat* prenait une forme distincte. Donc remercions Dieu. A la façon de la plante qui se dresse vers le ciel quand elle reçoit d'en haut sa goutte de rosée, de l'oiseau qui vole en chantant vers les régions chaudes de la lumière quand le soleil lance ses clartés, mais avec la perfection d'agir qui convient à la créature baptisée, que toute générosité céleste soit pour nous l'occasion d'une montée nouvelle dans les régions de la foi.

Quand Rebecca, interrogée par ses parents : « Veux-tu suivre cet Eliézer qui te mènera vers Isaac » eut répondu : « Oui, j'irai, » Bathuel et toute la maison multiplièrent sur elle leurs souhaits de bénédictions. C'est encore votre histoire. Oui, avec le Seigneur, nous vous bénissons. La bénédiction aujourd'hui vient si spontanément à notre cœur et à nos lèvres !

Nous vous bénissons, afin que le Seigneur conserve toujours à votre amour son frais parfum de nouveauté, et lui garde cette vivacité qui éloigne tout ennui de l'habitude.

Nous vous bénissons, afin que des enfants, héritiers de vos qualités et de votre foi, comme de votre nom, se passent de génération en génération la « lampe de la vie » et le droit au ciel. Nous vous bénissons, afin que le découragement ne vous arrête jamais sur ce chemin mystérieux que les passionnés de l'idéal seuls connaissent, où les artistes véritables sont en chasse continue et haletante du beau, et sentent leur ambition du parfait croître en proportion même de leur valeur et de leur activité secrète. Nous vous bénissons, afin que vos maîtres admirent de plus en plus en vous le résultat de leurs savantes leçons, que vos amis serrent encore davantage les nœuds de dévouement qui les attachent à vous, que vos familles de magistrats et d'artistes trouvent dans votre bonheur *l'accroissement du leur*. Nous vous bénissons afin

que la terre soit pour vous une ébauche du
Paradis, le Paradis, le parachèvement de
l'ébauche.

O Toi, père de tout, dont le cœur s'intéresse
Au murmure du vent qui pleure sous les bois,
Mais tressaille plus fort, lorsque notre humble voix
Exhale dans un cri l'aveu de sa faiblesse,

Repands à flôts pressés les dons de ta largesse,
Mon Dieu, sur ces époux qu'à tes genoux tu vois,
Ainsi que les Jacob et Rachel d'autrefois,
T''invoquer à témoin de leur sainte tendresse.

Que la moisson mûrisse au soleil du côteau ;
Que verve et grand savoir guident le fier pinceau ;
Que de prospérités un mur les environne ;

Et, s'il faut davantage animer le tableau,
Qu'un rejeton joyeux à chaque renouveau
Arrive de ta table élargir la couronne !

Eug. M.

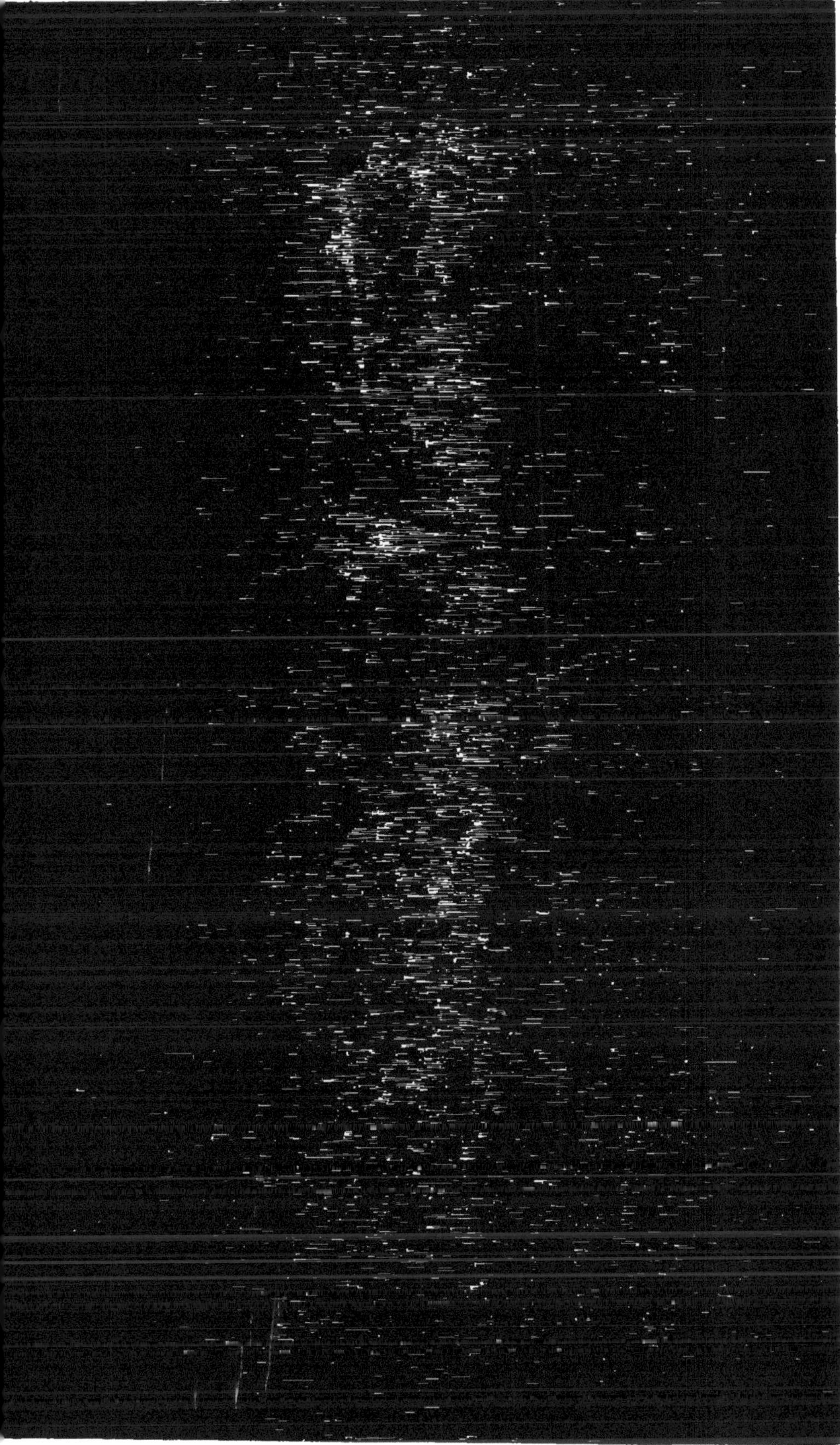

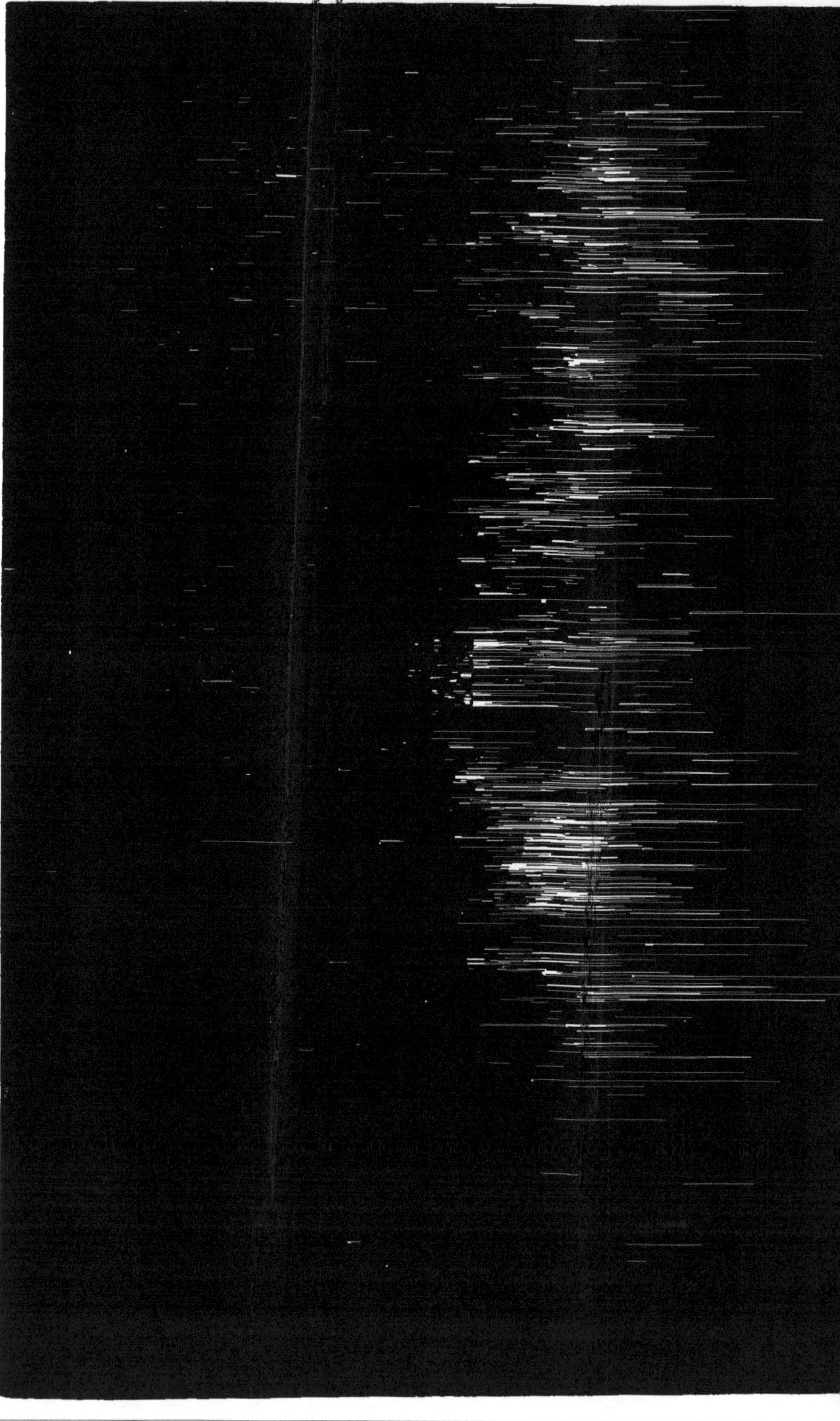

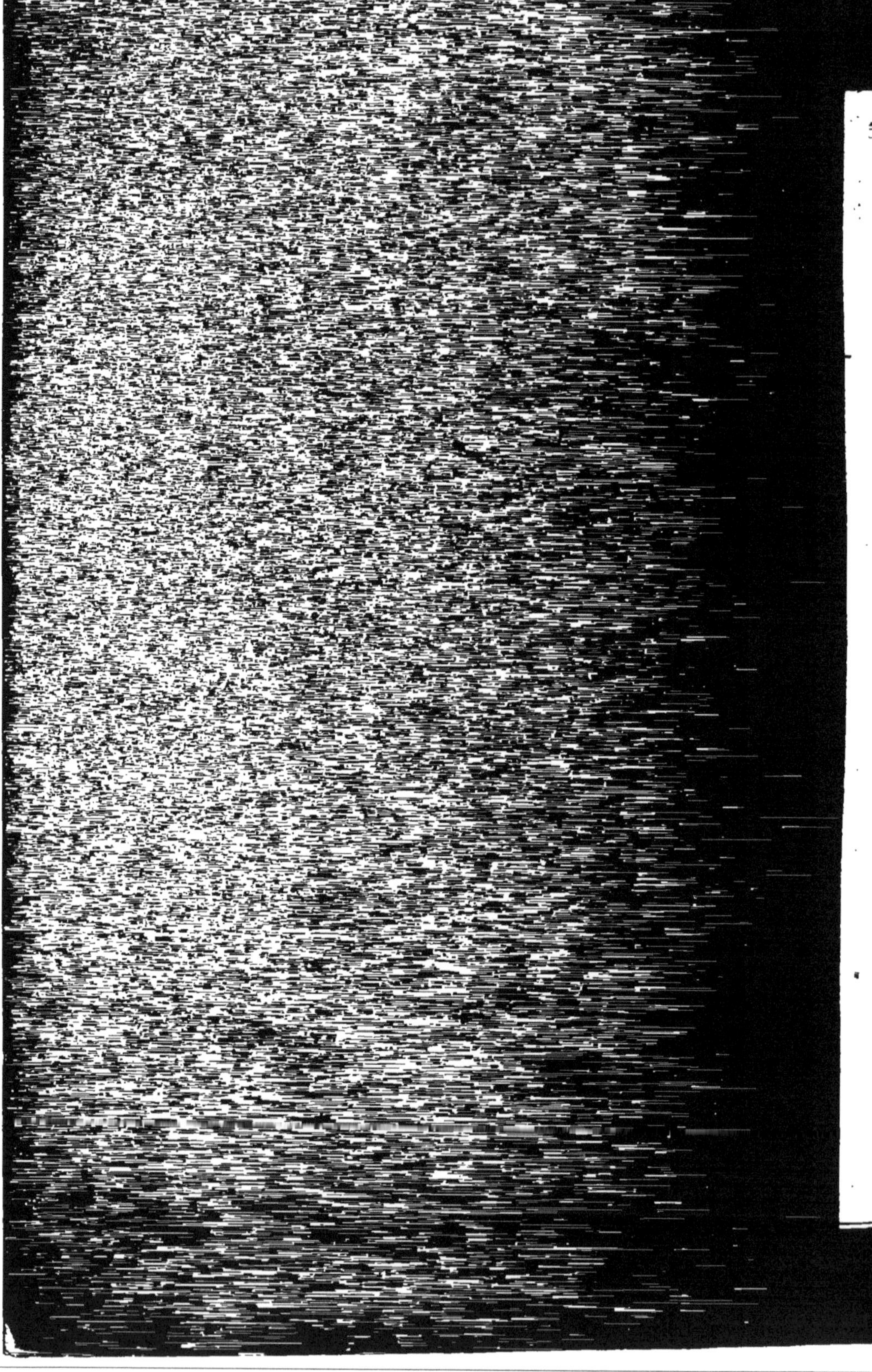